I0546635

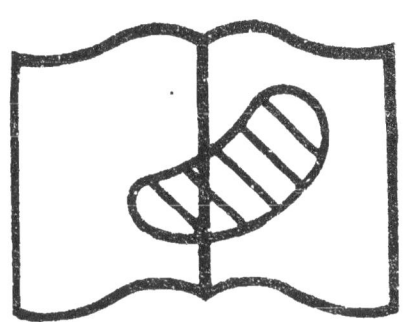

Valable pour tout ou partie
du document reproduit

Couvertures supérieure et inférieure
en couleur

DES RÈGLES

DE LA

CRITIQUE HISTORIQUE

PAR

L'Abbé Ulysse CHEVALIER

(Extrait de LA CONTROVERSE ET LE CONTEMPORAIN).

LYON

IMPRIMERIE ET LIBRAIRIE VITTE & PERRUSSEL

Imprimeurs de l'Archevêché et des Facultés catholiques de Lyon.

3C, RUE CONDÉ, ET PLACE BELLECOUR, 3 ET 5

—

1888

(19)

LA CONTROVERSE
ET
LE CONTEMPORAIN

REVUE PUBLIÉE SOUS LA DIRECTION

D'UN COMITÉ DE PROFESSEURS DES FACULTÉS CATHOLIQUES DE LYON

Avec le concours de nombreux Savants et Écrivains catholiques

PARAISSANT LE 15 DE CHAQUE MOIS PAR FASCICULES DE 10 FEUILLES IN-8

Les abonnements sont reçus au Secrétariat des Facultés catholiques, 25, *rue du Plat*,
Et à la librairie VITTE ET PERRUSSEL, *3, place Bellecour.*

Prix d'abonnement : **20 fr.**

NOTA. — Cette revue étant la propriété des Facultés catholiques, les bénéfices sont exclusivement appliqués aux bourses.

Pour la *RÉDACTION*, adresser toutes les communications aux bureaux de la Revue, à Lyon, 25, *rue du Plat.*
Pour l'*ADMINISTRATION*, s'adresser à MM. VITTE ET PERRUSSEL, *3, place Bellecour*, à Lyon. — On peut s'abonner dans tous les bureaux de poste.

CONDITIONS DE L'ABONNEMENT

France et Algérie :	*Union postale, États-Unis et Canada :*
Un an : **20** fr. — Six mois : **11** fr.	Un an : **24** fr. — Six mois : **13** fr.

La Guadeloupe, la Réunion : **28** fr. ; Indes orientales et pays d'outre-mer : **30** fr.

Les Abonnements partent du 15 Janvier et du 15 Juillet; ils sont payables d'avance. Cependant chacun peut choisir la date et le mode de paiement, à la condition d'en avertir l'Administrateur, par lettre ou carte postale.

Le meilleur mode de paiement est l'envoi d'un mandat-poste à l'adresse de M. l'abbé CHATARD, gérant (rue du Plat, 25), ou de MM. VITTE et PERRUSSEL, 3, place Bellecour, Lyon.

LES ABONNEMENTS SONT ÉGALEMENT REÇUS :

A **Paris,** chez VIC, libraire, 11, rue Cassette.
A **Londres,** chez BURNS et OATES, 18, Portman Street.
A **Madrid,** chez ALBERT GAYAN, 4, Puerta del Sol.
A **Montréal (Canada),** chez CADIEUX & DEROME, 205 et 207, rue Notre-Dame.

Lyon— Imprimerie VITTE ET PERRUSSEL, rue Condé, 30

DES RÈGLES

DE LA

CRITIQUE HISTORIQUE

Ad utilia per angusta.

Dans cette étude j'ai l'intention de m'occuper des règles de la critique historique. En pareille matière, l'invention personnelle serait un grave défaut. Je me bornerai donc à résumer ici les préceptes formulés par les maîtres en cet art difficile : ils ont l'appréciable avantage d'avoir subi l'épreuve du temps et de la contradiction. Ce devrait être le dernier mot de l'expérience unie à la plus saine raison, si l'on pouvait être assuré que les opérations du condensateur ont toujours été exactes.

I

Dans son acception la plus générale, la *critique* est cette partie de la logique qui traite des facultés dont l'homme se sert pour connaître la vérité. C'est par une inclination naturelle que notre esprit recherche, reconnaît et affirme la vérité, c'est-à-dire la parfaite conformité de l'idée avec son objet. Avant de l'atteindre il peut passer par cinq états différents, ainsi gradués : erreur, ignorance, doute, opinion, soupçon et certitude. Celle-ci, terme de son effort, est l'adhésion motivée et inébranlable de l'intelligence à la vérité, ou, comme la définissait Lamennais, « l'infaillible assurance de percevoir actuellement le vrai, de le connaître et de le posséder ». Envisagée en elle-même, la certitude est absolue et sans degrés : on n'est pas plus ou moins certain. La certitude est ou elle n'est pas ; en cela elle se distingue de la croyance, laquelle peut en certain cas équivaloir à la certitude, mais est susceptible de s'amoindrir et de s'effacer, et de la probabilité, qui admet des degrés à l'infini, sans parler du doute, état d'hésitation de l'esprit qui reste comme suspendu entre l'affirmation et la négation.

La pleine possession de la vérité nous est manifestée par l'évidence, c'est-à-dire par cette clarté des principes ou des faits qui illumine et subjugue l'intelligence, et y produit la certitude. Plus objective que subjective, puisque son principe est hors de nous plutôt qu'en nous-même, elle est un attribut moins de notre jugement que de la vérité. Suivant le motif qui la détermine, la certitude est métaphysique, physique ou morale ; d'après son objet, elle prend les noms de psychologique, physique, rationnelle ou métaphysique et morale. A tous les points de vue, on ne peut aspirer en histoire qu'à la certitude morale, encore ne prend-elle ce titre que dans un sens large et impropre. Nous verrons même qu'il faut souvent se contenter d'une somme plus ou moins grande de probabilité.

La soif de la vérité, innée à l'homme, la lui fait chercher d'abord par lui-même. Il la découvre à première vue ou par intuition de quatre manières : par ses sens extérieurs, son intelligence, sa conscience et sa mémoire. Il y arrive par voie de raisonnement ou de méthode discursive : soit par déduction (ou syllogisme), en procédant du général au particulier ; soit par induction, en remontant du particulier au général. Ce qu'il ne peut percevoir par lui-même, l'homme l'apprend du témoignage de Dieu ou de ses semblables. De ces huit critériums de certitude, le dernier seul nous intéresse ; nous aurons cependant à examiner la valeur de l'induction, comme moyen de suppléer à l'absence ou à l'insuffisance des documents.

Par témoignage, il faut entendre ici la parole autorisée d'un témoin qui connaît la vérité et veut la communiquer. L'assentiment qu'on lui donne se nomme foi : la foi se fie et la science voit : *quod scimus debemus rationi, quod credimus auctoritati* (saint AUGUSTIN). Destiné à vivre en société et à recevoir de ses semblables la plus notable portion de ses connaissances, l'homme a reçu de Dieu un penchant naturel à dire la vérité et à se servir dans le langage des signes qui interprètent le plus fidèlement sa pensée. S'il ment, s'il trompe, c'est en faisant violence à sa nature, et toujours avec un motif, conscient ou non. Il est, en outre, instinctivement disposé à se confier à la véracité des autres : tendance qui est pour ainsi dire le pendant de la précédente (1). A raison du temps, les témoignages peuvent être contemporains, prochains ou postérieurs, éloignés ou récents. Sous le rapport de leur proximité avec le fait, les témoins sont oculaires ou auriculaires, immédiats (quand ils ont eux-mêmes perçu le fait) ou médiats (s'ils le connaissent par la relation d'autrui). A raison du lieu, on les distingue en domestiques (de même nation, de même pays, de même ville) ou étrangers.

Que le témoignage humain, accompagné des garanties nécessaires, soit un critérium de certitude, je crois superflu d'en établir la preuve philosophique; il suffira de rappeler quelles sont ces garanties. Elles se réduisent à deux : la science et la véracité, c'est-à-dire que le témoin n'ait pas été trompé et ne cherche pas lui-même à nous induire en erreur. L'absence de l'une de ces conditions enlèverait toute valeur à son témoignage; mais, si le témoin connaît de science certaine un fait et s'il le révèle dans son intégrité, quel motif aurait-on de le récuser?

Dans un sens plus restreint, la critique est l'art de juger

(1) Voir le développement de cette idée dans Thom. REID, *Recherches sur l'entendement humain*, chap. VI, sect. 24. Comp. saint AUGUSTIN, *De utilitate credendi*, cap. 12 : « Nihil omnino humanæ societatis incolume remanere, si nihil credere statuerimus quod non possumus tenere perceptum » (*Opera*, Paris, 1694, t. VIII, c. 63).

les œuvres de l'intelligence, d'en apprécier, d'en faire ressortir les mérites ou les défauts. Deux familles d'esprits se partagent le domaine de la pensée : les inspirés du génie et les observateurs, ceux qui créent et ceux qui se bornent à étudier les ouvrages existants. Nécessairement, à défaut des premiers, ceux-ci n'existeraient point; car l'appréciation ne saurait précéder l'œuvre : elle la suit. Elle n'est possible que par elle; elle s'en empare, l'étudie, travaille à en faire découler ces règles, longtemps débattues, qui, un jour ou l'autre, feront autorité. La véritable utilité de la critique gît donc dans l'indication des principes. Les générateurs de la critique, ce sont en définitive les génies qui appliquaient les lois des sciences et des arts avant qu'elles eussent été promulguées par personne : la critique est née des bons ouvrages, comme la rhétorique de l'éloquence.

Suivant qu'elle a pour objet le vrai, le beau ou le bon, la critique est philosophique, esthétique ou monologique. C'est à la critique philosophique qu'on doit les règles qui servent à établir l'authenticité, l'intégrité et la véracité d'un livre; c'est donc à elle que se rattache la critique historique, dont nous allons nous occuper.

Il était indispensable de rappeler et de bien préciser ces notions préliminaires — plus arides assurément que ne le comporte d'ordinaire un cours d'histoire, — car elles sont les prémisses des considérations qui vont suivre. Pour avoir négligé de s'en pénétrer, plus d'un auteur a émis en cette matière des définitions plus personnelles que philosophiques.

II

Le P. Lacordaire a mis la touche habituelle de son esprit supérieur en définissant quelque part l'histoire : « un organe par lequel nous avons vue sur les faits passés, comme s'ils étaient présents »; en l'appelant ailleurs : « le miroir qui réfléchit le passé et le soleil qui éclaire l'avenir », il en a plutôt signalé le côté philosophique. Pour arriver à être complètement la science des choses passées, l'histoire a besoin de deux composants : les faits

et leur mise en œuvre ; la matière et la forme, pour parler
avec les scolastiques. L'érudition met les faits à la disposition de l'historien ; la critique lui permet d'en faire un
choix et un emploi judicieux.

L'érudition n'est donc pas la critique : elle la prépare,
elle en est même d'ordinaire une condition essentielle.
C'est, en général, une connaissance étendue des textes et
des monuments relatifs au langage, à l'histoire et aux arts.
Si un moderne (J.-L. MABIRE) a eu raison de dire qu' « une
immense érudition est quelquefois la marque de la stérilité
du génie », BUFFON avait écrit précédemment que « le
génie n'est qu'une longue patience » et CHAMPFORT, paro-
diant un mot célèbre de Bacon, a remarqué avec non
moins de raison que, si « peu de philosophie mène à mé-
priser l'érudition, beaucoup de philosophie mène à l'esti-
mer ». On a cru le terme nouveau. Il est certain que
chez les anciens l'érudition embrassait tout l'ensemble
des connaissances humaines, surtout le savoir littéraire
dans tous les genres. Après la destruction de l'empire
romain, les lettres se retirèrent de l'Italie en Orient, et
l'érudition y tint plus de place que le talent créateur ;
mais ce fut une érudition étroite et sans portée, à la mesure
des esprits byzantins, pour qui des discussions sans cesse
renaissantes et souvent puériles tenaient lieu de vie intel-
lectuelle. Toutefois la *Bibliothèque* du patriarche Photius
resta longtemps un modèle en son genre ; sans l'égaler, le
Lexique de Suidas et les *Commentaires* d'Eustache de
Thessalonique témoignent d'un long et patient labeur.

Grâce à diverses importations byzantines, le goût de
l'érudition se réveillait en Occident, quand, au milieu du
xve siècle, le courant d'émigration causé par la prise de
Constantinople, en jetant sur l'Italie un grand nombre de
savants et de lettrés grecs, y développa une passion extraor-
dinaire pour l'antiquité et les recherches littéraires. Inutile,
sans doute, de consigner ici les plus expresses réserves
sur les conséquences morales et religieuses de cet engoue-
ment exagéré pour les souvenirs du paganisme grec et
romain, qu'on a décoré du nom de Renaissance. Les disci-

ples égalèrent bientôt leurs maîtres, et aux noms de Manuel
Chrysoloras, du cardinal Bessarion, de Théodore de Gaza,
de Lascaris, de Georges de Trébizonde on unit ceux de
Philelphe, de Poggio, de Pic de la Mirandole, d'Ange
Politien, de Marsile Ficin, etc. La découverte et les progrès
de l'imprimerie accrurent naturellement le nombre des
érudits, dont le travail consistait à retrouver, à confronter
et à publier, à commenter et à traduire ce qui restait des
lettres et des sciences de l'antiquité. Au nombre des
hommes qui contribuèrent puissamment ainsi à la diffu-
sion des chefs-d'œuvre de l'esprit humain, il faut ranger
sans hésiter les premiers imprimeurs, surtout Alde Manuce
et les Estienne. Heureux temps, où un éditeur n'était point
simplement un marchand de livres, où l'auteur trouvait
dans l'imprimeur de ses ouvrages son meilleur collabora-
teur et souvent un ami, et n'était point ravalé, comme de
nos jours, à être le seul prote habile du produit de son
intelligence!

L'érudition, limitée alors presque exclusivement à l'étude
des textes grecs et latins, devint au xvie siècle une mode
dans tout le monde de la littérature et de la science, plus
encore de l'histoire. Partout c'est un étalage de citations,
souvent hors de propos, qui va jusqu'au ridicule. Cet appa-
rat pédantesque ne cessa au xviie siècle que graduellement.
La véritable érudition y fit des progrès remarquables et
étendit considérablement son domaine. Mais les annales de
cet art deviennent alors celles de la critique historique elle-
même : l'une est désormais inséparable de l'autre. C'est à
cette époque de grande culture littéraire et historique que
remontent les débuts de l'école bénédictine, à qui l'on doit
les chefs-d'œuvre de la plus vaste érudition jointe à la critique la plus exercée. La congrégation de Saint-Maur, fondée en 1618, en fut la pépinière. Un protestant, M. Benj.
Guérard, a rendu naguère, dans ses incomparables « Pro-
légomènes » au *Polyptyque de l'abbé Irminon* (1), le plus
touchant témoignage à la science, à la modestie et au désin-

(1) Paris, 1844, in-4°, t. I, p. 5-9 et les éclaircissements.

téressement de ses illustres membres. C'est à leurs glorieux
et impérissables travaux que nous sommes redevables de
ces vastes publications qui resteront les meilleures sources
des annales véridiques de l'humanité et de ces admirables
histoires de province qu'on réimprime pieusement de nos
jours, en renonçant à les refaire et à mieux faire. Les
membres de cette pléiade de savants s'appellent : Mabillon,
le plus célèbre de tous; avant lui d'Achéry, et après Rui-
nart, Félibien, Sainte-Marthe, Lobineau, Martène, Mont-
faucon, Rivet, Plancher, Bouquet, Toustain, Vaissete,
Calmet, Carpentier, Durand. D'autres ordres religieux
concoururent aux mêmes travaux ; parmi les Jésuites, Bol-
land et tous ses coopérateurs aux *Acta sanctorum*, Sir-
mond, Labbe, Hardouin; chez les Cisterciens, Bertr.
Tissier; parmi les Oratoriens, Thomassin et Lelong. Au
milieu même du monde, privés du concours désintéressé
que procurait la confraternité religieuse, travaillaient P.
Pithou, Duchesne, le père de l'histoire de France, Théod.
Godefroy, Ducange, Baluze, Lebeuf, etc. Moins connus
chez nous, les noms de Canisius, Bongars, Freher, Camden,
Ughelli, Lambecius, Wharton, Aguirre, Gale, Grævius,
Eccard, Pez, Hearne, Ludewig, Muratori, Lami, Florez,
Langebek conservent à l'étranger une légitime célébrité.

Comme les meilleures choses de ce monde, la critique
historique n'est pas arrivée à se faire place au soleil de
l'intelligence sans exciter des murmures et des protesta-
tions. « Il en est un peu d'elle, dit le P. DE SMEDT (1),
comme de la liberté. Les excès commis en son nom ont
eu plus de retentissement que ses bienfaits. » Ce n'est pas
à dire pour cela que les défenseurs de l'une et de l'autre
appartiennent toujours au même camp. Après avoir précisé
avec une grande sagesse les règles de la critique dans son
Traité des études monastiques (2), MABILLON eut encore à

---

(1) *Principes de la critique historique*, Liège, 1883, in-12, p. 1.
« Très bon livre, d'une remarquable largeur de vues », au témoignage
de M. Ad. TARDIF, professeur à l'école des Chartes (*Notions élémentaires
de critique historique*, Paris, 1883, in-8°, p. 8).

(2) Paris, 1691, in-4°; ibid., 1692, 2 v. in-12.

la défendre contre la *Réponse* de l'abbé de Rancé, qui n'en
voyait que les mauvais côtés, n'étant « gueres possible de
donner un frein à un critique » (1). Qu'est-ce donc que
la critique, sinon là la mise en pratique de ce conseil de saint
PAUL : *Omnia probate, quod bonum est tenete* (2)? L'auteur
de l'*Ecclésiastique* n'avait-il pas dit avant lui : *Qui credit
cito, levis corde est* (3)? C'est par la critique que nous
évitons cette légèreté de tout croire sans examen. « Fuions
donc la mauvaise critique, mais ne rejettons pas la bonne.
Elle est necessaire partout, puisque ce n'est rien autre
chose que l'usage du bon sens et du jugement » (4).

Qu'il se soit commis des exagérations au nom de la
critique, personne ne songe à le nier (5) : les noms de
certains « dénicheurs de saints » sont devenus légendaires;
que les hypercritiques de notre temps fassent à l'Eglise
une guerre déloyale, injuste au moins, la chose est trop
évidente. Mais il n'est pas plus équitable de faire retomber
sur la bonne logique les sophismes de la mauvaise et les
aberrations de l'esprit humain, que d'attribuer à l'instrument les blessures que se fait celui qui s'en sert sans pré-
caution. « Les règles de la critique historique, dit M. TAR-
DIF (6), s'imposent à tout esprit droit par la force de leur
évidence. Toutefois, malgré leur extrême simplicité, ces
principes sont d'une application délicate, et ils ne peuvent
donner de bons résultats si l'on n'est pas dans les conditions
d'ordre intellectuel et moral qui permettent d'employer
utilement des instruments bien simples en apparence,
mais dont le maniement réclame une main prudente. »

Le défaut de critique dans les ouvrages sur l'histoire
de la religion et de l'Eglise ne produit pas de moins

(1) P. 276.
(2) *I Thessalonic.*, c. v, v. 21.
(3) C. XIX, v. 4.
(4) MABILLON, *Reflexions sur la réponse de M. l'abbé de la Trappe
au Traité des études monastiques;* Paris, 1692, in-4°; ibid., 1693,
in-12, t. II, p. 24.
(5) Ouvr. cité, p. 9.
(6) *Æmulationem Dei habent, sed non secundum scientiam* (Roman.,
c. X, v. 2).

fâcheux résultats. Certaines gens se figurent facilement
qu'au service de la bonne cause tous les arguments
deviennent irréfutables. Ne sommes-nous pas trop indul-
gents à l'endroit de cette apologétique à outrance, produit
moins de l'amour de la vérité, que d'un zèle inconsidéré
et nullement selon la science (1)? Ces téméraires moyens
de défense n'ont d'autre résultat que d' « affermir dans
leurs convictions ceux qui ont déjà embrassé le parti de
l'erreur et qu'on ne peut ramener qu'en les attirant par les
charmes de la vérité » (2).

Dans cette lutte entre deux excès, quels sont les plus
coupables et de quel côté l'avenir fera-t-il pencher la victoire? A lui seul, le temps réduira singulièrement les pré-
tentions exagérées : on ne saurait attendre du public qu'il
les corrige et s'en corrige; il est nécessaire qu'une sorte de
jurisprudence arrive à faire loi en cette matière. Je ne sais

(1) C. de SMEDT, ouvr. cité, p. 25.

(2) BERGIER reproche aux critiques du xviiie siècle, d'après le carme
Honoré de SAINTE-MARIE (Réflexions sur les règles et l'usage de la
critique touchant l'histoire de l'Eglise, les ouvrages des Pères, les actes
des martyrs, etc., Paris, 1713-20, 3 vol. in-4°) :

« 1° De faire l'éloge d'un auteur, de vanter son mérite et ses talents,
lorsqu'ils ont besoin de son témoignage; de le déprimer ensuite et
d'en faire peu de cas, lorsqu'il n'est pas de leur avis.

« 2° De préférer ordinairement le sentiment d'un hérétique, qui n'a
d'autre mérite que beaucoup de témérité, à celui des écrivains catholiques les plus respectables.

« 3° De recevoir comme authentique un ancien ouvrage lorsqu'il lui
est favorable, de le rejeter comme supposé lorsqu'il les incommode.

« 4° De faire usage de l'argument négatif toutes les fois qu'il leur
est utile, de le regarder comme nul quand on le leur oppose.

« 5° Pour savoir si un ouvrage est ou n'est pas de tel auteur, ils font
beaucoup de fond sur la ressemblance ou la différence du style qui
se trouve entre cet écrit et les autres du même auteur; mais, outre
qu'un auteur n'a pas toujours le même style, a des ouvrages plus tra-
vaillés les uns que les autres, il faut beaucoup de discernement, de
goût, d'expérience, pour être en état d'en juger; et les méprises en ce
genre sont très communes.

« 6° Quelques-uns se sont trop livrés à des conjectures, ont chicané
sur toutes les circonstances d'un fait, n'ont travaillé qu'à faire naître
des doutes, ont mieux réussi à embrouiller qu'à éclaircir les évènements importants de l'histoire ecclésiastique. »

(Diction. de théologie, v° Critique.)

si le monde qui fait la fortune des histoires ecclésiastiques de nos jours est plus éclairé que dans le siècle dernier. La merveilleuse unité de croyances, à laquelle plusieurs pontificats mémorables ont avantageusement contribué, le laisse indifférent ou rebelle à des vérités d'un autre ordre, dont l'intelligence n'est facile ni à la paresse ni à la passion. Les affirmations contestables et les paradoxes dont il est bercé quotidiennement rendent nécessaire la parole autorisée de la critique dans les revues périodiques et dans les manuels, et il est à désirer qu'elle se fasse entendre avec autant de crédit que d'abondance. Le vrai, en histoire surtout, a plus besoin que jamais, chez nous, de preuves, de répétitions et de commentaires pour entrer dans les esprits faussés ou troublés, dans ceux au moins qui sont à leur début dans la recherche de la réalité des choses. Mais la critique catholique produira de meilleurs fruits en exerçant sa sévérité en faveur du public que contre les écrivains. On l'a dit depuis longtemps : ce sont les sots admirateurs qui sont responsables du succès des sots auteurs. Ce sont eux qui les encouragent, qui les gâtent, qui multiplient les ouvrages détestables par la séduction de la réussite : ils font leur fortune, pour le malheur de tous, en leur procurant des lecteurs et des admirateurs. Quel est donc le rôle du critique catholique, sinon de redresser le sens historique en repoussant les erreurs de tendance, et de poursuivre le faux en condamnant la sottise et l'extravagance compromettantes? Aussi ne doit-elle pas se lasser de rappeler le public aux saines doctrines dans les livres, dans les revues et surtout dans l'enseignement supérieur.

III

Pour s'exercer avec fruit, la critique historique présuppose, réclame impérieusement certaines conditions d'esprit et de cœur. Et, puisque j'ai l'honneur de m'adresser à des lecteurs chrétiens, qu'ils me permettent de mettre en première ligne la vertu d'humilité. C'est elle d'abord qui nous fera « accepter avec une entière soumission les enseignements et les avis de ceux qui ont mission divine pour nous guider » (1). Un récent exemple n'a-t-il pas montré, une fois de plus, la distance qui facilement sépare chez un historien de l'Eglise les plus belles théories sur l'autorité du Saint-Siège de la déférence pratique à ses décisions ? C'est encore l'humilité qui nous mettra en garde contre la présomption de nous croire prématurément parvenu à la pleine possession de la vérité (2). Bien peu préfèrent de parti pris l'erreur à la réalité : en prenant le change, on cède à un sentiment, inconscient parfois, mais réel d'orgueil. Par suite du bon esprit dont on se croit animé, on se délivre volontiers un brevet d'infaillibilité dans des matières controversées ou parfaitement libres. « S'irriter ou s'étonner en quelque sorte d'avance de toute contradiction, refuser d'examiner sérieusement les objections, ou en aborder l'examen avec un esprit fermement disposé à n'en tenir aucun compte, se poser en avocat de sa propre opinion et, en conséquence, chercher par tous les moyens à faire valoir ses preuves et à déprécier celles de son adversaire,... voilà les résultats trop ordinaires de cette mauvaise disposition » (3). « Cette sage défiance de soi-même rendra plus facile un autre exercice d'humilité, qui... coûte peu aux hommes supérieurs, mais dont des écrivains de moindre valeur ne se montrent guère capables qu'au prix d'un acte de vertu héroïque » (4). Quand Mabillon eut fait paraître son immortel *De re diplomaticâ*, le bollandiste Papebrock lui écrivit : « Je vous avoue que je n'ai plus d'autre satisfaction d'avoir écrit sur cette matière, que celle de vous avoir

(1) Ch. DE SMEDT, *Des devoirs des écrivains catholiques dans les controverses contemporaines*, discours prononcé à Rouen ; Bruxelles, 1885, petit in-8°, p. 43.

(2) Ne peut-on pas appliquer aux vérités de l'ordre naturel ce que saint LÉON le Grand dit des choses divines : « Nemo ad cognitionem veritatis magis propinquat, quam qui intelligit in rebus divinis etiam si multum proficiat, semper sibi superesse quod quærat : nam qui se ad id in quod tendit pervenire præsumit, non quæsita reperit, sed in inquisitione deficit » *(Sermo 9 de Nativit. Dom.)* ?

(3) C. DE SMEDT, ouvr. cité, p. 44-5.

(4) Ibid., p. 46.

donné occasion de composer un ouvrage si accompli. Il est vrai que j'ai senti d'abord quelque peine en lisant votre livre, où je me suis vu réfuter d'une manière à ne pas répondre; mais enfin, l'utilité et la beauté d'un ouvrage si précieux ont bientôt surmonté ma faiblesse, et pénétré de joie d'y voir la vérité dans son plus beau jour, j'ai invité mon compagnon d'étude à venir prendre part à l'admiration dont je me suis trouvé tout rempli » (1). Il serait difficile de dire auquel de ces deux véritables savants cette lettre fait le plus d'honneur.

A l'historien il faut, avant tout, ce qui manque souvent aux meilleurs esprits formés dans l'atmosphère du XIXᵉ siècle : le sens droit, c'est-à-dire une certaine justesse habituelle, constante dans les opinions, dans les sentiments; le calme du cœur joint à la sérénité de l'esprit; le silence des passions, l'exercice désintéressé des facultés intellectuelles. De toutes ces qualités, la plus précieuse est un jugement sain, c'est-à-dire le sens exercé, développé par la pratique, l'habitude, en un mot, d'apprécier exactement les choses. On croit trop volontiers posséder cette puissance de distinguer le vrai d'avec le faux. Il est facile de se faire illusion à cet égard : tout le monde se plaint de sa mémoire et personne de son jugement, « car chacun, dit DESCARTES, pense en être si bien pourvu, que ceux mêmes qui sont les plus difficiles à contenter en toute autre chose, n'ont point coutume d'en désirer plus qu'ils n'en ont » (2).

Le sens droit « est l'ennemi-né du paradoxe, où tombent trop souvent les jeunes historiens. Quand on cherche systématiquement des idées neuves ou des aperçus originaux, on s'expose gravement à sortir du domaine de la science pour se perdre dans les nuages de l'imagination. Il est parfois très bon de ne point penser comme tout le monde; mais il est très mauvais de rompre de parti pris avec les doctrines généralement reçues... Si l'on a pris cette habitude

(1) B. HAURÉAU, art. Jean Mabillon, dans la *Biographie Didot*, t. XXXII, c. 440.

(2) *Discours de la méthode*, 1ʳᵉ part.

et faussé ainsi l'instrument qui nous sert à discerner la vérité de l'erreur, on court risque de ne pouvoir jamais le redresser » (1).

« Ce n'est pas assez d'avoir l'esprit bon, mais le principal est de l'appliquer bien (2). » Le critique doit donc se tenir en garde contre ses préjugés, c'est-à-dire contre les opinions conçues à l'avance sous l'empire des influences d'éducation, de parti ou d'entourage. C'est ici, bien mieux qu'en philosophie, qu'il faut mettre en pratique le doute méthodique de Descartes; qu'on commence donc, quand on étudie une question, par enlever de son esprit toutes les idées qui s'y trouvent sur ce point, ou au moins par les tenir pour douteuses jusqu'à ce qu'on en ait vérifié l'exactitude. — L'orgueil patriotique, le simple amour du clocher peuvent faire dévier la balance où se pèsent les motifs de créance. Les opinions politiques sont dans le même cas; et le lecteur remarquera comme moi, à ce point de vue purement scientifique, que la religion, en donnant à tous les hommes une patrie commune, l'Eglise catholique, leur donne une plus grande liberté pour juger impartialement leurs frères dont ne les séparent que de mobiles limites géographiques. Nous avons encore présent à l'esprit l'affolement qui s'empara de l'Allemagne protestante, soit contre la France, à l'issue de la guerre néfaste de 1870, soit contre l'Eglise et la Papauté au début du *Culturkampf* : les plus fortes têtes, des érudits de premier ordre que je pourrais citer, y perdirent l'équilibre.

Le savant a-t-il également à se tenir en garde contre ses opinions religieuses? En d'autres termes, quelle devra être la conduite du critique catholique si ses recherches l'amènent à des conclusions contraires à sa foi? que devra-t-il sacrifier? Nous touchons ici, on doit le reconnaître, à une question délicate, sur laquelle on a amoncelé à plaisir les malentendus. Le P. DE SMEDT y a fait une réponse assez péremptoire pour me dispenser de la résumer autrement:

(1) TARDIF, *Notions élément. de critique historique*, p. 12.
(2) DESCARTES, ouvr. cité, ibid.

« Remarquons d'abord, dit-il (1), que la possibilité d'un sacrifice à exiger en cette matière suppose la possibilité d'une opposition réelle entre la vérité historique et la vérité révélée : or cette supposition est tout simplement absurde ; le critique n'a donc pas à s'en effrayer. Il peut arriver, nous l'accordons, qu'un fait affirmé par des documents historiques d'une authenticité incontestable semble, à première vue, en contradiction avec les enseignements de la foi. Mais alors, en examinant plus attentivement et le fait en question et le point de doctrine auquel on l'oppose, on reconnaîtra bientôt qu'il n'y a aucune difficulté à les concilier, et que la prétendue contradiction résulte seulement d'une notion trop inexacte de l'un ou de l'autre. Et lors même que tous les essais de conciliation seraient d'abord infructueux, et que l'examen le plus approfondi et le plus impartial ne fournirait aucun moyen d'accord, — ce qui n'a encore jamais eu lieu, que nous sachions, — le savant catholique ne devra pas s'en troubler. Il attendra de nouvelles lumières, sans s'inquiéter des cris de triomphe de l'impiété, toujours si prompte à s'attribuer la victoire, malgré les nombreuses et cruelles leçons que lui a values ce fol empressement. Cette patience sera de tout point, et en particulier pour la sincérité de sa foi et la paix de son âme, bien préférable à l'effort violent qu'il devrait s'imposer pour méconnaître l'évidence d'un fait qui froisse momentanément des convictions puisées à une source plus haute que la science. » Dans la dernière séance annuelle de l'Institut catholique de Paris, le recteur, Mgr D'HULST, a fait entendre sur ce sujet de l'accord de la science et de la foi, des conseils qu'il me semble opportun de rappeler : « Réservant à la science sacrée le domaine qui lui appartient, ne cherchons pas, par une piété indiscrète, à la faire déborder sur le champ de la science humaine. Cette faute n'a peut-être pas été

---

(1) *Principes de la critique historique*, p. 20-1. — Voir, sur le même point, le remarquable article de Mgr PERRAUD (alors prêtre de l'Oratoire), *De l'impartialité historique, surtout en matière d'histoire religieuse,* dans *Le Correspondant* du 25 juil. 1868 (à part, in-8° de 16 p.).

évitée dans tous les temps..... Ne cherchons pas à tirer le
savoir des sources de la croyance. Sans doute l'harmonie
existe, mais toute relation de conformité n'est pas une relation d'origine. La science se fait toute seule. Quand elle est
formée, comparez-la à la doctrine révélée et, s'il s'agit
d'une science vraie, je ne crains pas la comparaison. Il y a
même quelque chose de fortifiant pour la foi dans cette
impuissance séculaire de la science changeante à convaincre
d'erreur une croyance immobile. Parmi les savants chrétiens, il en est qui ne se contentent pas de constater cet accord
négatif, lequel n'est que l'absence de contradiction. Ils
s'appliquent volontiers à mettre en évidence l'accord positif
de la révélation et du savoir..... Cette méthode d'apologie
est bonne en elle-même, mais d'un emploi délicat. On ne
saurait la manier avec trop de réserve. Surtout, il faut
s'abstenir d'en faire l'application aux théories scientifiques
qui ne sont pas encore sorties du domaine de l'hypothèse ;
et combien peu en sont sorties !..... Si donc vous empruntez
à la science — et c'est le cas ordinaire — une hypothèse
accréditée..., vous courez un certain danger ; il peut arriver
que l'hypothèse tombe demain devant un fait nouvellement
observé et dont elle ne suffira plus à rendre compte. Alors
il vous faudra démolir de vos propres mains votre ouvrage...
Les croyants qui cultivent la science ont besoin d'entendre
un conseil de prudence et de modestie. Ne faites pas ce que
Dieu n'a pas voulu faire ; ne cherchez pas à apprendre de
lui ce qu'il ne vous a pas enseigné ; ne tourmentez pas les
textes qui vous instruisent de la religion, pour en faire
sortir l'astronomie ou la physique, la géologie ou même
l'histoire profane. » Ce conseil, Mgr d'Hulst proteste qu'il
n'aurait pas la présomption de le donner lui-même : c'est
Léon XIII qui l'a exprimé en termes équivalents dans son
bref approbatif du congrès des savants catholiques, qui
doit se tenir dans quelques semaines à Paris, sous la haute
présidence de Mgr l'évêque d'Autun, membre de l'Académie
française. Ce conseil, chacun peut le trouver, en remontant les âges, formulé d'une manière presque identique
par les deux grandes lumières de la théologie, saint

Augustin (1) et saint Thomas d'Aquin (2); je me borne, pour ne pas trop prolonger cette étude, à donner en note le texte de leurs principaux passages.

Si je m'adressais à des âmes faibles et faciles à scandaliser, j'aurais eu quelque scrupule à stigmatiser si sévèrement ces apologistes imprudents, qui se font un point d'honneur de tout défendre et pour qui tous les arguments sont bons. Il est profondément regrettable qu'ils fournissent ainsi l'occasion d'un facile triomphe à nos adversaires, lesquels ne se font pas faute d'examiner avec un faux sérieux ces pitoyables élucubrations, et, après en avoir eu facilement raison, de les représenter à leurs adeptes comme

(1) « Plerumque accidit ut aliquid de terra, de cœlo, de cæteris mundi hujus elementis, de motu et conversione, vel etiam magnitudine et intervallis siderum, de certis defectibus solis ac lunæ, de circuitibus annorum et temporum, de naturis animalium, fruticum, lapidum atque hujusmodi cæteris, etiam non christianus ita noverit ut certissima ratione vel experientia teneat. Turpe est autem nimis et perniciosum ac maxime cavendum, ut christianum de his rebus quasi secundum christianas Litteras loquentem ita delirare quilibet infidelis audiat ut, quemadmodum dicitur, toto cœlo errare conspiciens, risum tenere vix possit. Et non tam molestum est quod errans homo derideatur, sed quod auctores nostri ab eis qui foris sunt talia sensisse creduntur, et cum magno eorum exitio, de quorum salute satagimus, tanquam indocti reprehenduntur atque respuuntur..... Quid enim molestiæ tristitiæque ingerant prudentibus fratribus temerarii præsumptores, satis dici non potest... » (Patrol. latina, t. XXXIV, c. 261.)

(2) « ... Plures horum articulorum ad fidei doctrinam non pertinent, sed magis ad philosophorum dogmata. Multum autem nocet talia quæ ad pietatis doctrinam non spectant vel asserere vel negare quasi pertinentia ad sacram doctrinam. » Suit un passage du livre des Confessions (v, 5) et celui que reproduit la note précéd. « Unde mihi videtur tutius esse ut hæc quæ philosophi communius senserunt et nostræ fidei non repugnant, neque sic esse asserenda ut dogmata fidei, licet aliquando sub nomine philosophorum introducantur, neque sic esse neganda tanquam fidei contraria, ne sapientibus hujus mundi contemnendi doctrinam fidei occasio præbeatur ». (Opera omnia, 1865, t. XVI, p. 163.) — « De opere secundæ diei... In hujusmodi quæstionibus duo sunt observanda : primum quidem, ut veritas Scripturæ inconcusse teneatur ; secundum, cum Scriptura divina multipliciter exponi possit, quod nulli expositioni aliquis ita præcise inhæreat ut, si certa ratione constiterit hoc esse falsum quod aliquis sensum Scripturæ esse credebat, id nihilominus asserere præsumat, ne Scriptura ex hoc ab infidelibus derideatur et ne eis via credendi præcludatur » (Summa theolog., p. I, q. LXVIII, a. 1).

le dernier mot de la science catholique. Ils oublient volontairement cette règle, — ils ne manqueraient pas de nous l'opposer en pareille occurrence, — qu'il est souverainement injuste de rendre une école responsable des torts et des aberrations de quelques-uns de ses représentants les moins autorisés.

Mais, rassurons-nous. Les exigences souvent exagérées de nos ennemis (le mot est dur, mais exact) ne sont pas une preuve de la conscience de leurs recherches, de la solidité de leurs affirmations et de la fermeté de leurs convictions. Malgré mon éloignement pour les personnalités, j'en ferai deux du même coup, visant les principaux coryphées de la science antichrétienne. Qu'on prenne la peine de comparer, comme l'a fait M. A. LOISY (1), la dernière édition de l'*Histoire ancienne des peuples de l'Orient*, par M. G. MASPÉRO (1886) avec la précédente (1876), on constatera entre elles une série de contradictions. Proviennent-elles de la découverte de nouveaux documents? non, mais des opinions de plus en plus irréligieuses de l'auteur ; on y verra aussi un empressement à donner comme définitives des conclusions qui ne sont que d'ingénieuses hypothèses, quand elles ne sont pas dénuées de tout fondement; et l'on n'hésitera pas à déclarer que tout cela n'est plus de la science. Dans un ordre d'idées analogues, le dernier ouvrage de M. RENAN (*Histoire du peuple d'Israël*, t. I) nous indique naïvement ce que devient la notion de l'histoire entre ses mains. Plus encore que dans ses autres livres, nous n'avons ici que le récit, non des choses qui ont été, mais « d'une des manières dont les choses ont pu être » ; il est dès lors inutile de nous avertir que cette reconstitution du passé n'a qu'un caractère purement hypothétique, poétique et légendaire (2). Le motif qu'il invoque, l'incertitude des témoignages et des jugements humains, le range plus que jamais parmi les sceptiques, et nous avons vu que ce

(1) *Bulletin critique*, 1886, t. VII, p. 381-8.
(2) *Revue historique*, 1887, t. XXXVI, p. 144-6.

scepticisme universel en histoire est contraire aux plus
saines données de la philosophie.

Que dire encore de la fin de non-recevoir qu'opposent à
l'existence du surnaturel les critiques incrédules? sinon
qu'elle repose au fond sur un cercle vicieux, réprouvé par
la logique la plus élémentaire. Le surnaturel, disent-ils, est
inadmissible parce qu'aucun fait surnaturel n'a encore été
établi historiquement; et quand on leur propose les preuves
historiques établissant la certitude de tel fait surnaturel, ils
les écartent *a priori*, parce que pour eux le surnaturel est
philosophiquement inadmissible. Pour répondre à ce so-
phisme, il suffit de citer ce passage de la *Logique de Port-
Royal* (1) : « Tout homme de bon sens, quand il n'aurait
point de piété, doit reconnaître pour véritables les miracles
que saint Augustin raconte, dans ses *Confessions* ou dans la
Cité de Dieu, être arrivés devant ses yeux, ou dont il
témoigne avoir été très particulièrement informé par les
personnes mêmes à qui les choses étaient arrivées... Supposé que les choses soient arrivées comme il les rapporte, il
n'y a point de personne raisonnable qui n'y doive reconnaître le doigt de Dieu. Et ainsi tout ce qui resterait à l'in-
crédulité serait de douter du témoignage de saint Augustin,
et de s'imaginer qu'il a altéré la vérité pour autoriser la
religion chrétienne dans l'esprit des païens. Or c'est ce qui
ne peut se dire avec la moindre couleur : premièrement,
parce qu'il n'est point vraisemblable qu'un homme judicieux
eût voulu mentir en des choses si publiques, où il aurait pu
être convaincu de mensonge par une infinité de témoins,
ce qui n'aurait pu tourner qu'à la honte de la religion chrétienne; secondement, parce qu'il n'y eut jamais personne
plus ennemi du mensonge que ce saint, surtout en matière
de religion, ayant établi par des livres entiers, non seulement qu'il n'est jamais permis de mentir, mais que c'est un
crime horrible de le faire, sous prétexte d'attirer plus faci-
ment les hommes à la foi. » Le P. de SMEDT a d'ailleurs

---

(1) 4ᵉ part., ch. 14; on sait que cette partie de *L'Art de penser* est
l'œuvre d'ARNAULT.

bien raison de demander combien il y en a, parmi les écrivains antichrétiens, qui aient étudié sérieusement ces
grandes questions du surnaturel et des miracles, et ne se
soient décidés à rejeter la croyance presque universelle du
genre humain, qu'après s'être rendu compte exactement des
arguments apportés contre elle et des réponses opposées à
ces arguments (1).

Notons bien cette curieuse anomalie de la science antichrétienne : nous l'avons surprise à reconstruire par hypothèse l'histoire des peuples dont les monuments ont
disparu ; nous la retrouvons incrédule à l'endroit des
évènements pour lesquels on possède un amoncellement
de preuves capables de satisfaire l'esprit le plus difficile. Je
ne connais rien de plus écœurant en histoire que ce triste
scepticisme pratique, qui consiste à affaiblir la certitude des
faits secondaires, pour conclure à la non-existence du principal : nous verrons un autre jour tout ce qu'il y a d'illo-
gique dans ce procédé.

Laboremus simul, milites Christi ! Aimons le vrai en
toutes choses. LA BRUYÈRE l'a dit : « On n'arrive à la vérité
que par un chemin, on s'en écarte par mille. » Le P. de
SMEDT, que je ne me lasse pas de citer, fait de l'amour inalté-
rable, passionné pour la vérité historique la qualité la plus
essentielle du critique. « Rien ne peut remplacer ce sentiment. Il lui est aussi nécessaire que l'enthousiasme du beau
l'est à l'artiste. Il doit soutenir son courage dans ses labo-
rieuses études, le fortifier contre les séductions de ses
propres préjugés, le consoler du mépris et de la calomnie,
lui préparer enfin une noble récompense... » (2). Aimons
la vérité pour elle-même, soit qu'elle se manifeste à nous
par les autres, soit que nous ayons le bonheur de la décou-
vrir nous-même. Cherchons-la, sans trop nous préoccuper
des conséquences que l'on pourra tirer de faits établis à
l'aide d'irrécusables témoignages. « Quand vous aurez

(1) *Princ. de la crit. hist.*, p. 35.
(2) Ibid., p. 18.

trouvé la vérité, disait Montesquieu, ne craignez pas de creuser; vous n'arriverez qu'à des conséquences justes et fécondes. » Le critique chrétien doit se contenter « de chercher la vérité des faits, et pourvu qu'il la trouve, il ne craint pas que l'on en abuse, estant certain que la verité ne peut estre contraire à la vérité, ni par conséquent à la piété, qui doit être fondée sur la verité » (1).

(1) Lenain de Tillemont, *Mémoires pour servir à l'histoire ecclésiastique des six premiers siècles;* Paris, 1701, t. I, p. viij-ix.

Imprimerie Générale Vitte et Perrussel, rue Condé, 30.

www.ingramcontent.com/pod-product-compliance
Lightning Source LLC
Chambersburg PA
CBHW061734180626
46818CB00006B/2624